ÉLOGE HISTORIQUE

DU GENERAL MARCEAU.

ÉLOGE HISTORIQUE

DU GÉNÉRAL MARCEAU,

MORT DE SES BLESSURES A 27 ANS,

à Altenkirchen, le cinquième jour complémentaire de l'an IV;

LU A LA SÉANCE PUBLIQUE DE LA SOCIÉTÉ PHILOTECHNIQUE, le 20 vendémiaire de l'an VI,

PAR JOSEPH LAVALLÉE,

Membre de la Société Philotechnique, et de la Société Libre des Sciences, Arts et Belles-Lettres de Paris.

A PARIS,

DE L'IMPRIMERIE DES AMIS RÉUNIS,

Rue Honoré, nº. 41.

AN VI. — M. DCC. XCVII.

ÉLOGE HISTORIQUE
DU GÉNÉRAL MARCEAU.

HEUREUX l'homme qui se rappelle quelquefois qu'à l'heure de la mort il ne laissera que deux héritiers : Dieu qui pèse les actions, et l'historien qui les recueille ! Que deviennent les honneurs, les plaisirs, les richesses que l'on poursuit avec ardeur? Ce fantastique cortége n'accompagne jamais les funérailles : mais quand l'homme expire, ses actions se présentent silencieuses ; le cercueil marche, elles le suivent; la tombe se ferme, elles s'arrêtent ; la postérité passe, elles se dévoilent : Dieu juge, et l'homme raconte.

Je raconterai donc la loyauté, le désintéressement, la candeur, le courage, le patriotisme, l'humanité du jeune MARCEAU (1). O filles de mémoire ! il dut à ces vertus le pressentiment de l'immortalité ; ne trompez pas son espérance ; ouvrez votre temple à la voix de ces augustes suppliantes. Je ne vous demande rien pour le conquérant, je vous demande tout pour les vertus.

Sans doute il fut facile aux panégyristes de tous les siècles de parler dignement des morts fameux. Tantôt l'enthousiasme général secondait leurs talens; tantôt les prestiges de la grandeur appelaient sur leurs paroles les approbations de la multitude. Il fut facile à Démosthène de louer les morts de Chéronnée en face d'un peuple assez libre pour lui pardonner la perte d'une bataille donnée par ses conseils. Il était aisé pour Auguste de faire retentir la tribune des éloges de Drusus ; c'était le maître de l'Univers qui vantait son fils à l'Univers esclave : le monde et le mort étaient présens, et la pourpre a son éloquence. Et vous-mêmes, orateurs modernes ! croyez-vous que votre secret nous échappe? Nest-ce donc rien pour l'orateur que le vaste appareil des pompes funéraires? Est-il si rare d'exciter les larmes quand on parle sous le deuil? Et la majesté des temples et des cirques n'imprime-t-elle pas aussi sur le discours un charme qui n'appartient pas à l'orateur? Mais moi! où seront mes ressources? Les autels sont loin; les funèbres chants ne m'ont pas annoncé; je n'ai sous mes yeux ni deuil, ni flambeaux, ni catafalque; encore si quelque ami de MARCEAU pleurait à mes côtés, je vous dirais: Voyez ses larmes. Eh bien! cette indigence me plaît: j'ai tout; j'ai la vérité: c'est elle qui rend éloquent; la vérité! cette fille du ciel qui commande à tous les hommes l'amour de leur pays. Citoyens! vous avez tous une patrie! soyez donc attentifs! le guerrier dont je viens vous parler est mort en combattant pour la sienne. J'en appelle à votre cœur, vous lui devez des hommages! vous lui devez des couronnes, vous lui devez des larmes. Justice pour les morts: je vous la demande et pour eux et pour nous. Le tombeau nous attend.

MARCEAU reçut le jour en 1769, et vingt-sept ans après l'Europe sema des fleurs sur sa tombe. Ce n'est donc pas d'un homme ordinaire dont je vous entretiens.

Le destin plaça bien son berceau ; il naquit à Chartres : c'est un sol fertile en grands hommes. (2)

Quand le ciel réserve aux héros une si courte carrière, il devrait leur épargner l'enfance. Hélas ! il les favorise assez peut-être en leur épargnant la vieillesse. La nature, constante dans sa marche comme dans ses vues, n'a pas sans raison asservi l'homme à cette épreuve de l'enfance ; elle a voulu, dans les penchans de cet âge, placer les symptômes des destinées qu'elle nous prépare. Mais l'autorité paternelle, si riche de son amour, en verse quelquefois les bienfaits avec irréflexion ; elle voit ses enfans par l'œil de ses préjugés, et non par celui de la nature. Ainsi l'amour pour le métier des armes, qui se décelait dans le jeune MARCEAU, ne fut regardé par ses parens que comme une turbulence indiscrète qu'il fallait réprimer; ils voulurent l'appeler au barreau quand l'instinct de la gloire l'appelait aux combats (3). Cependant si quelquefois ces fièvres de l'enfance se calment, et si cette expérience même ne sert qu'à prolonger une erreur trop commune parmi les pères, il est une tenacité d'intention dans les enfans à laquelle il est impossible de se méprendre, et qui témoigne de leur grandeur future : et c'est alors que l'autorité paternelle doit s'arrêter avec respect devant le vœu de la nature. Ainsi Corneille devinait son Cinna quand il luttait pour Apollon; ainsi Fabert, à six ans, voyait le bâton de maréchal, quand il s'obstinait aux batailles.

On plaça MARCEAU dans un collége, et MARCEAU n'apprit rien; cela devait être : l'esprit se ferme quand on obstrue les canaux des premières affections. Qu'importait un collége à cet enfant? c'était un camp qu'il demandait; on lui présentait le digeste, il cherchait une épée; on lui montrait Justinien, il invoquait César. Alexandre était pour lui toute l'antiquité; les Thermopyles étaient sa géographie; il ne voyait dans les arts que le buste de Pompée, dans la poésie que le chant des Bardes, dans l'histoire que Turenne, dans ses compagnons que des soldats, dans l'Univers que des lauriers.

Que pouvaient sur ce caractère les refus,

les menaces, la contrainte ? L'irriter, l'aigrir, et fermer son cœur à la piété filiale. Il n'en fut pas ainsi. La première vertu d'un grand homme est la vénération pour ses parens. MARCEAU voulut, mais il voulut avec respect ; il voulut avec fermeté, mais sa fermeté fut suppliante ; il ne cessa pas de vouloir, mais il ne cessa pas d'aimer : c'est le cèdre qui salue la tempête en se roidissant contre elle.

O mère de MARCEAU ! félicitez-vous ! quand ce fils ne demandait qu'un javelot à votre tendresse alarmée, c'est que dès-lors il devinait qu'un jour la patrie reconnaissante bénirait vos entrailles ; c'est qu'il pressentait que les rayons de sa gloire deviendraient l'auréole de votre vieillesse, et qu'aux Champs Élyséens vous marcheriez égale à la mère de Léonidas.

C'en est fait : son quinzième printemps arrive. MARCEAU s'élance (4), il part, il est soldat. Mais il faut avoir seize ans pour l'être : la loi le veut. Un an d'attente : quel supplice ! Il fut affreux pour lui. Devinait-il donc qu'il avait si peu de temps à vivre ? Elle s'écoula, cette année cruelle. Le régiment de Savoie-Carignan eut l'honneur de son début. Enfin, voilà MARCEAU seul, sans appui, sans guide, sans protecteur, sur ce théâtre si long-temps envié. Que va-t-il faire ? Il regarde autour de lui : d'un côté, l'éternelle obscurité des rangs ; de l'autre, le sentier de Chevert. Sabre, fusil, uniforme, objets du desir d'une imagination enfantine, c'était à votre possession que souvent jadis venait échouer la vocation des armes. Malheur alors quand vous cédiez la place au dégoût ! la licence devenait le dédommagement de l'ennui ; le devoir n'était plus qu'une routine ; la discipline qu'une habitude ; et le soldat, dans son immobile inertie, passant de la caserne à l'exercice, de l'exercice à l'oisiveté, de l'oisiveté à la débauche, de la débauche sous la tente, roulait ses jours ignorés dans ce cercle qu'il ne songeait pas à franchir, et descendait soldat au tombeau, sans s'être souvenu que Clisson fut soldat, et mourut connétable. Ce tableau des garnisons se montre dans toute sa vérité aux regards de MARCEAU. Alors il s'interroge lui-même. Que sait-il ? Rien.

Il apprend qu'il ne sait rien, et c'est déjà beaucoup. Ce premier pas fait, le besoin de savoir se fait sentir. Il interpelle tout ce qu'il voit : Pourquoi ces exercices, ces manœuvres, ces évolutions ? Tout cela, sans doute, a des principes et un but; et MARCEAU apprend la théorie, la tactique et la castramétation. Il examine sur les remparts ces angles saillans et rentrans : ces combinaisons ne sont pas dues au hasard; elles ont un objet : et MARCEAU apprend les mathématiques et la géométrie. Mais ces forteresses, que maintenant il sait tracer, peuvent être attaquées, peuvent être défendues : et MARCEAU apprend l'art de l'ingénieur. Mais les bataillons ne sont pas toujours renfermés dans ces murailles ; ils se deploient souvent dans les campagnes, et les armées se heurtent : et MARCEAU ouvre Xénophon, Polibe, Feuquières, Saxe, et voilà ses livres favoris. MARCEAU n'était rien, et déjà MARCEAU a les connaissances d'un grand homme. C'est à lui-même qu'il doit tout : il est, si j'ose le dire, et le maître et le disciple tout ensemble ; il sort tout formé de ses propres mains ; et l'on dirait qu'il a le noble orgueil de vouloir que personne n'eût un jour l'orgueil de dire : Je fus le maître de MARCEAU. (5)

Il cherchait les connaissances et non pas les grades, et les grades le cherchèrent quand ils soupçonnèrent en lui les connaissances. Si jeune, et si peu de goût pour les plaisirs ; si jeune, et le front si méditatif ; si jeune, et, pour unique société, des livres, des compas et des crayons. Ce phénomène frappa M. de Serent, alors colonel du régiment de Savoie : il devina MARCEAU ; il le fit sergent, et voilà le premier échelon gravi.

Ainsi donc l'esprit s'enrichissait, les connaissances s'accumulaient, les talens se perfectionnaient, et l'espérance se montrait avec ce sourire flatteur, et pourtant modeste, que lui permettaient les opinions du temps. Mais souvent le cœur, solitaire au milieu des agitations de l'esprit, languit désolé : plus les talens croissent, plus l'homme éprouve le besoin des tendres affections. Nous faisons, par nos talens, sentir notre vie à ceux qui nous entourent ; mais ce n'est que l'amitié d'autrui qui peut à notre tour nous faire sentir la vie. La sévérité paternelle ne promettait à MARCEAU que des jouissances éloignées ; la fugitive amitié de ses compagnons d'armes glissait sur son cœur, et ne le pénétrait pas. MARCEAU n'était qu'estimé, et, pour être heureux, il faut être aimé. Un seul cœur dans la nature avait lu dans le sien ; mais un intervalle immense l'en séparait. Ce cœur était celui d'une sœur. Conservons l'épithète sacrée que MARCEAU lui donna jusqu'à son dernier jour (*). J'étais loin de ma bonne

(*) La tendre affection que le général MARCEAU portait à cette sœur, qui lui fut toujours si chère, n'était cependant pas exclusive. Il conserva jusqu'à son dernier jour les sentimens de la plus respectueuse tendresse pour sa mère, et le plus vif attachement pour ses frères et ses autres parens. Il comptait au nombre de ses amis intimes des hommes honorés de l'estime publique, et distingués dans la république des lettres par leurs connaissances et leurs talens ; entre autres, le citoyen Duchenay et son épouse, le citoyen Dussieux, le citoyen Guillard, devenu depuis son beau-frère, et frère du poète recommandable à qui la tragédie lyrique doit les beaux poëmes d'Œdipe à Colonne, d'Iphygénie en Tauride, de Chimène, etc. etc. Il me serait doux de citer ici tous ceux de ses compatriotes qui lui furent

sœur, dit-il dans son Journal (6), et tout languissait autour de moi. Cette bonne sœur était pour lui une mère, un Mentor, une amie, je dirais presque une amante; car, quels que soient les sentimens que les bontés de ce sexe nous prodiguent, si l'amour leur est étranger, il n'en sépare jamais ses graces. Confidente des secrets de son enfance, dépositaire de ses chagrins, consolatrice de ses peines, il lui devait les premières clartés de la raison, les premiers conseils de la sagesse, les premières leçons de la prudence : elle fertilisa dans son cœur le germe de l'honneur, de la probité, de la franchise, du désintéressement, de l'équité; et si MARCEAU dut à la nature les qualités brillantes qui font le héros, il dut à sa bonne sœur les qualités solides qui font l'honnête

unis par les liens de l'amitié, et de leur accorder à tous la gloire que leur mérite l'estime qu'ils avaient pour MARCEAU, et celle qu'il faisait d'eux : mais pressé par le temps, et malheureusement pour moi étranger à chacun d'eux, il ne m'a pas été possible de me procurer les renseignemens nécessaires pour remplir ce devoir; et l'histoire, plus lente dans ses conceptions et plus scrupuleuse dans ses recherches, acquittera à leur égard une obligation que je ne lui cède qu'à regret.

homme ; et cette gloire vaut bien l'autre.

Cinq ans s'étaient passés ; il brûlait de la revoir, de lui montrer son frère, son ami, son élève digne des soins qu'elle avait pris de lui. Il obtint un congé, et vola dans ses bras. Ce n'était plus cet adolescent fougueux dans ses desirs, emporté dans ses vœux, appelant le démon des combats, tel que le coursier de la Thrace s'élance, impatient, dans la poussière des batailles; c'était l'Étude, le front paré des charmes de la jeunesse ; c'était Télémaque se montrant à Ménélas riche des exemples d'Ulysse ; c'était un frère déposant aux pieds de sa bienfaitrice les talens qu'il avait acquis, comme un gage de sa reconnaissance.

Tel était MARCEAU : quand tout à coup le plus fameux des jours sort du sein des siècles. Le 14 juillet paraît ; le plus grand des peuples brise ses fers. Je ne vous peindrai point l'enthousiasme universel : qui de nous n'a pas ce jour célèbre présent à la mémoire ? Que ramène-t-il sur notre terre? La liberté. La liberté ! le sage lui sourit, l'homme de bien la salue, tous les amans de la félicité publique la bénissent : les scélérats seuls frémissent à son aspect, la caressent, en abusent et la violent. Le 14 juillet est né, et les droits généraux ressuscitent à l'immortalité ; tout change, tout s'éveille, tout s'anime, tout s'embrase ; et l'homme, qui jusqu'alors croyait avoir vécu, assiste étonné au spectacle de sa création. Reportez-vous un instant en idée à ce moment sublime. Placez parmi ce chaos de passions expirantes et de passions nouvelles, de passions de mille ans et de passions d'un jour, un cœur vierge encore de tous les desirs qui tourmentent les humains, un cœur qui n'a connu ni l'ambition qui dévore, ni les grandeurs qui glacent, ni les richesses qui flétrissent, qui n'a de l'obéissance que l'usage, de la philosophie que l'instinct, de la nature que le pressentiment ; inondez ce cœur des idées inouies, inattendues de la liberté ; voyez enfin la liberté telle qu'elle devrait être par-tout, c'est-à-dire, la liberté pure dans un cœur sans tache, c'est-à-dire, le diamant s'unissant à l'or, et vous jugerez de l'effet que dut produire le 14 juillet sur l'ame de

MARCEAU (7). Il n'avait vu que des rangs, il aperçoit des palmes ; il n'avait senti que des maîtres, il devine des hommes ; il n'avait eu que des rivaux, il trouve des frères ; il n'avait connu que la France, il trouve une patrie. O guerriers ! ô défenseurs de la République ! ce portrait de MARCEAU est le vôtre. Vous entraînâtes la liberté sur vos traces ; c'est parmi vous qu'elle a vécu : nous n'avons connu que les révolutions.

Citoyen, dès qu'il avait été permis de l'être, le jour même de la liberté, il avait marché avec les citoyens qui l'avaient conquise. Il dut à ce dévouement le congé absolu que l'assemblée constituante accorda aux soldats qui s'étaient unis à la bourgeoisie. Maître de lui, il vole à Chartres. La garde nationale s'organise ; MARCEAU reçoit le premier prix d'une bonne renommée ; et, dans ses foyers, il est nommé capitaine de chasseurs.

Mais déjà les puissances voisines portent un œil jaloux sur le colosse de la France. C'est peu d'avoir conquis la liberté, il faut la défendre, il faut triompher pour elle. MARCEAU s'arme : il va combattre, il va vaincre.

Le département d'Eure et Loir forme un bataillon : MARCEAU en est nommé commandant. Les frontières l'appellent ; il part. Six mois de lenteurs ; l'instruction militaire de la jeunesse que la Patrie lui avait confiée, et les tendres épanchemens de l'amitié qui l'unissait au général Dillon : ainsi se passa cette époque de la vie de nôtre héros. Cependant la révolution, cette grande fusion de vices et de vertus, d'où sortirent tant de personnages extraordinaires, avait jeté sur le théâtre politique un de ces hommes inexplicables, mendians orgueilleux d'une superbe renommée, et dont l'oblique conduite rassemble imprudemment autour d'eux une foule d'admirateurs trop aveugles et de juges trop éclairés. Mais n'allons point, par un tableau trop vrai peut-être, affliger l'infortune enchaînée dans les remparts d'Olmutz. Respect au malheur ! respect au repentir ! Et si je me vois forcé d'associer une erreur au nom de la Fayette, c'est qu'il ne m'est pas permis d'étendre un voile sur une vertu de MARCEAU. La Fayette commandait l'armée, et l'on se rappelle à quelle époque. La

Fayette s'égare, il fait pis; il corrompt: sa déplorable influence entraîne l'opinion de son armée; la représentation nationale est violée. Ce que n'osèrent les légions rebelles de la Pannonie, la Fayette et ses légions l'osent: les ambassadeurs du peuple sont arrêtés. MARCEAU reste seul intact (8) au milieu de la défection générale. C'est l'inébranlable obélisque bravant la trahison des âges, au milieu des ruines de Memphis. Que dis-je? il reste intact! C'est trop peu: ne dépouillons point la vertu de son autorité. Sans ce jeune homme, disait depuis Kersaint, la France était perdue. Son exemple frappe, étonne, convertit, entraîne; et la Fayette, abandonné, n'a plus que la ressource d'une fuite honteuse. Un législateur, un général, un fondateur de la liberté, un homme jusqu'alors entouré de l'encens des deux mondes, appelant, par l'éloquence de ses paroles et de sa réputation, toute son armée dans la carrière des attentats; un soldat ignoré, un simple officier, un jeune homme sans expérience et sans politique, ramenant cette même armée dans la route du devoir, par la seule puissance d'une conduite ferme et courageuse : quel contraste ! Après un semblable triomphe, on regrette presque d'avoir à parler de victoires ; on craint qu'elles ne perdent de leur lustre.

Cependant cette heure de la victoire n'avait pas encore sonné. La vaste confusion qui se place toujours entre l'écroulement et la refonte d'un grand empire ; l'agitation que les élémens d'une grande machine éprouvent avant de se fixer dans la place nouvelle qui leur est destinée, l'explosion subite et fréquente de ces volcans appelés factions, que la commotion générale allume dans les entrailles du corps social, la nécessité, chaque jour renaissante, de parler de la patrie consumant les heures où l'on doit s'occuper d'elle, l'inévitable frottement de la scélératesse et du patriotisme, de la licence et de la modération, de la témérité et de la prudence, du délire et de la raison, de lois mourantes et de lois au berceau ; telles étaient les causes de toutes les imprévoyances qui semblaient, à cette époque, concertées entre elles pour plonger la France dans un éternel abîme, si la liberté n'était vraiment une providence qui, motrice première des orages civils, tient de la Divinité par la puissance de les calmer. Les places dégarnies, les magasins dépouillés, les trésors dispersés, les bataillons désorganisés, les frontières sans cordons, les forteresses sans défenseurs, les troupes sans généraux, et l'inquiétude d'un vol rapide semant les anxiétés du Rhin à l'Atlantique, et des Pyrénées à la Lys, conviaient la témérité des monarques étrangers; et le premier de tous, Frédéric-Guillaume, accourut, des bords de la Sprée, chercher au fond de la Champagne la honte indélébile d'une fuite salutaire.

Peut-être y eût-il trouvé plus encore si MARCEAU en eût été cru. Il était dans Verdun; Guillaume et ses Prussiens arrivent: et la patrie du célèbre Vauban, une ville dont son génie a dressé les remparts, oublie que les ressources du temps ne trompent jamais le courage secondé par l'art; et l'on parle de se rendre. En vain MARCEAU, dans le conseil de guerre, démontre toute la possibilité, toute la nécessité, tous les avantages d'une résistance honorable; en vain il offre de tout préparer, de tout prévoir, de tout conduire; en vain il répond du succès; la terreur l'emporte; la reddition est résolue. Beaurepaire, qui commandait dans la place, ne peut survivre à cet arrêt. Une mort généreuse sauve son nom de l'affront général. Beaurepaire meurt, il ne reste plus qu'un Français dans Verdun (9). Mais, ô douleur! c'est à MARCEAU de porter la capitulation au monarque ennemi. Devoir fatal que les lois de la guerre commandent au plus jeune! Il faut qu'il parte : les yeux bandés, il faut qu'il marche vers des cohortes étrangères qu'il aurait vaincues s'il en eût été maître. Il est sur la place d'armes. On approche de son front le sinistre mouchoir. Des larmes inondaient son visage; ô fatal bandeau! n'approchez pas de ces larmes augustes! gardez de les couvrir! gardez de les sécher! ce sont les larmes que l'absence de la gloire arrache au génie de la liberté : laissez-les couler, que le monarque prussien les voie. Il les vit en effet : MARCEAU pleurait encore. Que ces larmes n'eurent-elles pour témoin le philosophe Frédéric ! il eût proclamé dans toute l'Europe que la France allait être invincible.

Équipage, argent, tentes, chevaux, MARCEAU avait tout perdu au siége de Verdun, hors l'honneur, hors l'amour de la patrie. Il ne demanda pour indemnité qu'un sabre nouveau (10). Il fut placé dans la Légion Germanique. C'est à l'histoire et non à moi qu'il appartient de juger des fautes de ce Corps. J'accompagne MARCEAU ; je n'ai qu'un quart-d'heure à marcher sur ses traces. Je ne me séparerai pas de lui ; je ne le quitterai pas. C'est aussi le quart-d'heure de ma gloire, je le veux tout entier.

Je suivrai donc MARCEAU dans la Vendée, sans rechercher l'origine de cette grande plaie du corps politique ; et porté par le cours des événemens sur le théâtre déplorable où les enfans d'une même patrie s'entr'égorgeaient, je remplirai le seul rôle qui me convient. Je consolerai l'humanité par le spectacle d'un grand homme opposant la pûreté de l'ame à la prévention, la vertu tranquille à l'exagération trompée, la magnanimité au plaisir de la vengeance, et la généreuse sensibilité à l'injuste barbarie.

La Légion Germanique démérite, tout son État-Major est dénoncé, arrêté, plongé dans les cachots. MARCEAU est au nombre des accusés, il est chargé de fers. Mais MARCEAU, dans les fers, a pour compagnons son innocence et le vainqueur futur de Lodi, Augereau. Ainsi l'une console son ame, l'autre console son cœur. Un ami et l'innocence, voilà les richesses de l'infortune. Le danger était pressant : pour perspective la mort, pour accusateur, le Représentant du Peuple Bourbotte; Bourbotte, dont les dangers de la patrie égaraient le jugement, violentaient le cœur, trompaient la prudence, qui croyait voir un traître dans MARCEAU, qui le poursuivait avec cet acharnement que l'idée d'une trahison enracine dans l'esprit, qui voulait sa condamnation par inimitié pour le crime, qui voulait sa mort par vénération pour la justice. En vain on voulut l'éclairer; la prévention ne s'éclaire pas : elle prit en lui le caractère de la stoïcité; il repousse les gémissemens des amis de MARCEAU ; il repousse les larmes de cette bonne sœur que je dois rappeler sur une scène si digne d'elle ; il repoussa les conseils de ses collègues ; il repoussa enfin les lumières mêmes de la vérité. Mais il est une chose que le juge prévenu repousse rarement ; il s'endurcit contre tout, excepté contre l'aspect de l'innocent. C'est une magistrature céleste que l'innocence ; magistratures humaines ! humiliez-vous devant elle ! MARCEAU paraît devant ses juges (11). Bourbotte est là ; et le reproche expire sur ses lèvres. MARCEAU se montre, il n'est déjà plus coupable ; MARCEAU parle, et déjà Bourbotte est confondu. MARCEAU se tait, il est justifié, et Bourbotte est dans ses bras. O Bourbotte ! serrez-le bien contre votre sein : vous ne savez pas les destinées que deux soleils vous gardent. La prison est ouverte, MARCEAU est libre, MARCEAU est armé. Saumur est attaqué, forcé, pris : il ne reste à MARCEAU que sept hommes (12) ; mais sept hommes avec MARCEAU c'est une armée : ni le nombre, ni la fureur, ni les hasards des armes ne l'accablent, ni ne l'entament. Ce sont huit lions qui se retirent, et dont tous les pas sont marqués par mille morts. Mais tout à coup un flot de vainqueurs entraîne un prisonnier. Quel est-il? Son écharpe le dénonce à la générosité de MARCEAU. L'apercevoir, fondre comme un éclair sur les rangs ennemis, porter le trépas, renverser, vaincre, enlever le captif! Je viens de vous peindre une minute de la vie de MARCEAU. Partagez sa joie : c'est Bourbotte qu'il arrache à la mort.

Ne déshonorons pas un si grand acte de vertu en lui donnant des louanges. Admirons, que l'airain se grave, et que le ciel récompense! Ainsi les hommes et les dieux auront fait leur devoir.

La Convention décréta qu'il avait bien mérité de la patrie. Il fut nommé Général de Brigade, et, par intérim, Commandant en Chef de l'Armée de l'Ouest. Alors si les honneurs s'accumulent sur sa tête, il accumule les lauriers sur la République. Des grandes actions qui signalèrent dans ces tristes contrées la fortune de la liberté, la bataille du Mans fut sans contredit la plus éclatante, la plus rapide, et la plus décisive.

Il ne me suffit pas, pour arrêter sur MARCEAU la vénération des siècles, de le représenter dans ce jour terrible, tantôt chargeant lui-même à la tête des bataillons, enfonçant les cohortes ennemies, faisant voler par-tout la terreur et la mort ; tantôt calme, serein, impassible au milieu de la tempête, faisant mouvoir l'immense corps de son armée, donnant ses ordres, perfectionnant son plan, réparant les omissions, suppléant aux oublis, encourageant les uns, félicitant les autres, promettant et donnant à tous la victoire ; bientôt après, sur le champ même de son triomphe, entouré des trophées de sa gloire sans en être ébloui, modeste pour lui-même, plein d'un noble orgueil pour la patrie, remerciant les vainqueurs, prodiguant à tous les lauriers, et ne s'en réservant aucun, oubliant qu'il avait déjà vaincu, pour mieux mettre à profit la victoire ; je veux encore que les êtres timides, qui n'osent chercher sur les champs de bataille l'autel de l'héroïsme pour y brûler leur encens, aient leur part dans les hommages que l'on doit à MARCEAU : c'est un autre Scipion qui va départager le monde entre sa victoire et sa clémence. Il n'est que trop vrai, Citoyens : des milliers de femmes dans la Vendée, transformées en soldats par la crédulité, l'intolérance et le fanatisme, se plaisaient aux ravages, invoquaient le meurtre, et se baignaient dans le sang. Une de ces femmes égarées, belle, jeune, sensible sans doute puisqu'elle crut à la vertu de MARCEAU, poursuivie par les vainqueurs, accourt effrayée, la pâleur sur le front, les cheveux en désordre, et tombe mourante à ses pieds. O MARCEAU! dit-elle, sauvez-moi. A peine elle a parlé : elle est sauvée. MARCEAU la relève, la rassure : ce n'est point Achille qui protége Briséis; c'est la pitié vertueuse qui s'attendrit sur l'infortune suppliante : il la conduit, il la guide, il affermit ses pas; il la dépose chez un de ses amis, la recommande, prodigue les secours, et s'échappe à la reconnaissance.

Mais quel grand homme échappa jamais

à la calomnie ? Le croiriez-vous, Citoyens? Jamais MARCEAU peut-être, pendant les heures brillantes de sa victoire, ne fut aussi sublime que dans ce moment. Eh bien ! que réserve-t-on à ce grand acte de clémence ? L'échafaud ! oui, l'échaffaud pour le vainqueur du Mans ! Une loi défendait de faire grace à quiconque était pris les armes à la main. L'envie s'empare du beau trait de MARCEAU. Il est dénoncé : une commission informe en secret ; tout se prépare pour son supplice. Il est honorable pour Bourbotte de le voir reparaître ici. Il était à Paris : il apprend cette iniquité. Il accourt, il arrive. Il se présente à la commission ; il demande, indigné, les pièces du procès, les déchire, et la reconnaissance arrache la vertu aux piéges de la scélératesse.

Là s'arrêtèrent enfin les persécutions, pour céder à la gloire la jouissance toute entière de MARCEAU ; là commencent aussi ces mémorables campagnes, fondatrices de la liberté française, où l'Europe apprit à trembler devant elle, depuis les rives du Texel jusqu'aux monts de la Catalogne, depuis les bouches du Danube, jusqu'aux bords adriatiques. C'est là la vaste scène où des succès constans attendent MARCEAU. Nommé général de division, il part pour l'armée des Ardennes, où la prise de Thuin signale son arrivée. Mais bientôt après l'armée de Sambre et Meuse s'empare de son génie; et c'est là qu'avec Jourdan, Schérer, Lefèvre, Dubois, Kléber, son émule, son compagnon, son ami fidèle, il vient éterniser la gloire et la reconnaissance de la République. Que ne puis-je entrer dans le détail de tous les hauts faits dont il va se couvrir! Que ne puis-je vous le montrer à Fleurus, commandant la droite de l'armée, ayant deux chevaux tués sous lui, et, par ses talens, son courage, son intrépidité, décidant la fortune! Que ne puis-je, aux batailles de l'Ourthe et de la Roeer, le suivre à ces avant-gardes dont il guidait la bouillante énergie, et qui, par des victoires, annonçaient aux ennemis l'approche des armées qu'elles précédaient! Que ne puis-je vous le montrer, accompagné d'une faible troupe, escaladant, forçant, emportant et Coblentz et ses forts pour échapper à l'ennui d'attendre la division qui devait en faire lever le siége ! Que ne puis-je vous peindre ces étonnantes victoires de Messeinheim, ces marches si savantes et si terribles aux ennemis, et qui laissent si loin derrière elles le souvenir de la retraite des Dix Mille ! Que ne puis-je déployer sous vos yeux la carte du Hundsruch, vous dessiner ce pays hérissé de rochers, coupé par des ravins profonds, obscurci par de vastes forêts, sillonné de gorges et de défilés, et par-tout garni d'ennemis nombreux et aguerris par la bonté des positions, et vous montrer notre héros les attaquant par-tout, les harcelant chaque jour, les fatiguant, leur arrachant pas à pas un terrain difficile, et victorieux tout à la fois des obstacles, du climat, du sol, de la nature et des hommes ! Mais pour connaître MARCEAU, pour le juger tel qu'il doit l'être, pour lui porter enfin le degré d'amour qu'il mérite, il faut l'avoir vu de près, avoir été, pour ainsi dire, en société avec son ame généreuse. Au milieu de ses soldats, c'est un père qui les dirige, les conseille et les instruit; c'est un frère qui partage leurs besoins, leurs travaux, leurs fatigues et leur nourriture; c'est un juge impartial qui mesure les peines sur les fautes, les fautes sur le caractère, et le caractère sur l'âge; c'est un général qui commande le respect par la familiarité décente, la discipline par la sévérité de ses mœurs, le courage par son exemple. Est-il entouré de prisonniers ennemis, de vaincus chargés de blessures, de transfuges attirés par l'air de la liberté? Son bras désarmé prodigue aux uns la clémence, verse les secours de l'humanité sur les autres, accueille ceux-ci avec la franchise républicaine. Une ville éprouve-t-elle la force de ses armes? C'est la paix qui marche devant lui : l'ordre atteste son séjour, le calme dépose de sa présence; toutes les propriétés sont tranquilles, toutes les libertés sont respectées : MARCEAU est présent, et l'amour du nom français pénètre dans tous les cœurs, et les bénédictions sont les derniers adieux qu'il reçoit à son départ.

Une des grandes qualités guerrières de

MARCEAU était l'activité ; une de ses principales ressources était sa confiance dans sa division. Il commandait à des Français, à des Républicains ; il avait droit de se croire invincible. Après avoir forcé la garnison du Thal, il donne sa parole d'honneur au général autrichien qui se retirait à Ehren-Brestein que, sous huit jours, il serait sur les glacis de cette place. Quelque temps après, ce général ennemi disait : Je ne croirai plus à la parole du général MARCEAU : il nous avait promis d'être, au bout de huit jours, sur nos glacis, et il s'y est présenté le quatrième.

Quand l'armée était en position sur la Lahn, MARCEAU fut appelé à commander deux divisions ; et celle qui communément le suivait à la victoire fut, en son absence, commandée par le général Hardy. Nous attendons l'ennemi, écrivait-il à ce général, nous le vaincrons ; fais-en de même. Je connais la division que tu commandes : avec de tels hommes, on est sûr de vaincre. Rappelle-leur qu'ils sont de ma division ; elle ne doit jamais être malheureuse.

Que je suis loin d'atteindre à l'idée que je voudrais vous donner des vertus héroïques de notre général ! Mais encore un trait, et celui-ci tient à sa vie privée. Je le saisis entre mille, parce qu'il peint à lui seul la simplicité, le désintéressement, la modestie, la reconnaissance, et, qu'on me pardonne l'expression, la bonhommie de MARCEAU. Il n'est aucun de nous qui ne conserve un tendre souvenir de ces bons cœurs que l'on trouve dans le peuple, qui, dans toutes les familles aisées dont leurs travaux les approchent, ont un enfant de prédilection que leurs caresses semblent adopter, et que leurs mains généreuses comblent, en cachette, de ces touchantes bagatelles qui font la richesse de l'enfance. Mystérieux modérateurs de la sévérité paternelle, loin de gâter les enfans, comme on les en accuse souvent, ils lui rendent un signalé service; ils donnent à celui qui doit être homme un jour les premières leçons de la sensibilité et de la gratitude; ils accoutument l'enfant à tressaillir à l'approche de la générosité, et gravent dans son imagination toute neuve encore les importantes notions de cette bonté inhérente au caractère du peuple. L'on dirait que ce sont des délégués de la nature qu'elle place à côté de notre berceau, pour proportionner à notre faiblesse les premiers essais de l'humanité. MARCEAU, tout comme un autre, avait eu, dans son enfance, sa part dans cette attention de la nature. Toutes les fois que la bonne femme Francœur paraissait, les petits bras de cet enfant, qui devait être un jour si terrible à l'aigle des Césars, s'élevaient vers le sein de la bonne femme. De tendres, de bonnes caresses récompensaient l'empressement de l'innocence, et souvent, à l'insu des regards, dans ces tête-à-têtes si rapides et si délicieux de la candeur et de la bonté, quelques fruits, quelques misères servaient d'échange au commerce de l'amitié.

Revoyez mon héros, vingt-six ans après, au milieu de sa renommée. Il y a bien loin des hommages de la terre aux tendres tributs de la bonne femme Francœur. Un jour MARCEAU remporte une victoire. Le soir, quand ses ordres sont donnés, il reste seul enfin avec sa bonne sœur et quelques amis ; et la fatigue du héros disparaît dans les embrassemens de personnes si chères. On parle de la gloire du jour : l'idée de la victoire s'enchaîne insensiblement avec l'espérance de la paix. Par degrés, l'attention du héros se porte un instant sur l'état de sa fortune. J'ai telle somme, je réaliserai telle autre, je jouirai de tant ; et la bonne sœur mêlait ses avis fraternels aux projets du grand homme. Quand tout à coup, sortant d'une rêverie profonde dans laquelle il avait été plongé quelques momens, il s'écrie en sautant au cou de sa sœur : Ma sœur ! sais-tu ce que nous ferons en arrivant à Chartres ? Nous irons chez la bonne mère Francœur : il y a si long-temps qu'elle ne m'a vu ! (13)

Hélas ! MARCEAU, elle ne te verra plus, cette digne femme que ta reconnaissance immortalise. Bonne sœur de MARCEAU ! vous ne le verrez plus, cet auguste nourrisson de vos vertus civiques. Famille désolée ! vous ne le verrez plus, celui qui fait votre gloire. Et vous, honneur de votre sexe !

vous dont le glorieux nom de son épouse devait embellir le printemps et illustrer les jours, hélas ! que je vous plains ! vous ne le verrez plus. Ils se sont donc pour jamais desséchés les myrtes que vous lui réserviez ! Plus d'aurore, plus de fleurs, plus d'ombrage, plus de soirs, plus rien dans l'Univers ! vous ne le verrez plus. Que dis-je? Ce n'est point une amante ordinaire que MARCEAU s'était choisie. Tout s'embellit dans la nature aux yeux de l'amante d'un grand homme : il a disparu ; qu'importe ? son image est partout. On voit sans regrets les flambeaux de l'hymen s'éteindre devant les étoiles de l'immortalité ; et la veuve de Germanicus accepta sans pâlir l'honneur de lui survivre.

Le troisième jour complémentaire de l'an quatre, l'armée de Sambre et Meuse faisait une manœuvre de retraite. Le corps que commandait MARCEAU quitte, à sept heures du matin, la position de Freilingen. A dix heures, il avait entièrement défilé par la chaussée d'Altenkirchen, et débouché de la grande forêt d'Hachsbach, en avant de Walnerod. L'ennemi suivait de près : il fallait l'arrêter, pour favoriser la retraite du reste de l'armée. MARCEAU choisit une position; il y place une batterie de dix pièces d'artillerie légère. Il avait alors à ses côtés le plus cher de ses amis, le capitaine Souhait. Ils s'avancent tous deux pour reconnaître l'ennemi. Un hussard de Kaiser escarmouche devant eux. Soudain un coup de carabine se fait entendre. Il part d'un Tirolien caché derrière un arbre. Tout à coup MARCEAU revient, fait trois cents pas. C'est en vain; il faut qu'il s'arrête, qu'il descende : il est blessé. Blessé! ô ciel! ce mot se répète, se prolonge, se propage. MARCEAU est blessé; et dix mille bras ont déjà juré de le venger. MARCEAU est blessé : on frémit, on en doute, on espère; mais l'espérance passe comme un éclair. Il est blessé mortellement. On se rassemble, on l'entoure, on le soulève, on l'emporte. Triste précurseur du deuil, le silence s'étend sur tous les rangs. On marche, les heures s'écoulent, le soir approche; on arrive enfin à Altenkirchen. Quel douloureux spectacle pour le général Jourdan, dont le grand cœur, aux victoires accoutumé, eprouvait, pour la première fois, une injustice du sort! Il perdait MARCEAU. Jourdan accourt ; tous les généraux l'entourent. Les larmes coulent ; et les pleurs de tant de héros sont les premiers tributs que la Patrie désolée présente à l'ame fugitive de MARCEAU. Les souffrances sont cruelles ; déjà la mort s'annonce sur ses lèvres décolorées ; mais son front est serein. O mes amis ! dit-il, pourquoi pleurez-vous ? Nous n'avons rien perdu.

Cependant les forces diminuent ; il ne peut aller plus loin : il faut qu'il demeure à Altenkirchen (14). Mais les ennemis approchent ; sera-t-il prisonnier ? Non. Il est entre les guerriers généreux des liens tissus par l'honneur qu'ils ne savent pas rompre. Le lit de mort d'un grand homme est un temple que les fureurs de la guerre ne violent jamais. Il est une pudeur guerrière qu'enfantèrent les Républiques, vertu des Fabricius, que le besoin de la gloire impose au cœur même des monarques ; et c'est une teinte de liberté que les rois se trouvent heureux d'imprimer sur leur front, pour relever l'éclat du diadême.

Le prince Charles va respecter la liberté de MARCEAU, et les généraux français sont assez grands pour n'en pas douter. O malheureuse armée ! je conçois tes douleurs. Il faut t'éloigner, et tu ne peux emporter ton héros ! Ombres de la nuit ! descendez lentement ; que chaque soldat puisse voir encore une fois le toit où repose MARCEAU !

Le capitaine Souhait, son fidèle ami, reste à ses côtés. Deux chirurgiens-majors de l'armée française, et bientôt après deux chirurgiens de l'empereur, envoyés par le prince Charles, déploient toutes les ressources de l'art. Vains secours ! Bientôt l'héroïque estime rassemble autour de lui tous les généraux de l'armée ennemie : le général Haddick, le général Krey, le général Elsuits, l'archiduc enfin. Général Krey ! respectable vieillard ! tu presses contre ton cœur ce bras d'un héros qui te combattit deux ans ! Tu pleures, bon vieillard ! l'histoire te tiendra compte de ces larmes. Elle ne vous oubliera pas non plus, hussards de Blankenstein et de Barco, qui briguâtes l'honneur de baiser cette main mourante, qui tant de fois triompha de votre courage. Mais est-il donc vrai que le fatal moment approche ? Ah ! que vois-je se grouper autour du lit de MARCEAU ? L'art impuissant et désolé, la religieuse admiration des ennemis, l'inconsolable amitié, la gloire en pleurs. La mort a frappé : MARCEAU n'est plus !

Il n'est plus ! La Seine, le Rhin et le Danube répètent en gémissant : MARCEAU n'est plus ! (15)

Rendez, braves Autrichiens, ces dépouilles mortelles aux soldats de la France, aux enfans de la liberté. Ces pompes funèbres que vous préparez à MARCEAU vous honorent ; mais rendez-nous ses cendres. Venez pleurer avec nous. Suivez son cercueil ; c'est à nous qu'il appartient. Les ossemens des grands hommes sont le piédestal de leur Patrie. Voyez les monumens que nous avons dressés, les cyprès que nous avons plantés pour ombrager les manes de MARCEAU. Hélas ! le sort barbare n'est peut-être pas assouvi ; et si d'autres larmes nous sont réservées, si la mort tranche des destinées non moins chères ; que nos neveux puissent dire avec respect : C'est non loin l'un de l'autre que reposent le triomphateur et le pacificateur de la Vendée.

Que ta grande ombre, ô MARCEAU ! vienne quelquefois errer dans ces campagnes ! Viens voir ici, viens voir à Messenheim, viens voir sur les lieux où le plomb fatal t'atteignit les trois monumens élevés à ta gloire. Seul entre les guerriers, tu reçus tant d'honneurs. L'amitié par-tout a prévenu la Patrie ; et le sentiment, pour t'honorer, disputa le pas à la République. (16)

Il n'est plus ! Regrettons-le comme Français, comme citoyen, comme guerrier.

Comme Français : il soutint dignement le fardeau d'un si beau titre : que dis-je ? il en étendit la gloire ; il le fit craindre et respecter ; il nous rendit plus fiers de le porter ; il rendit tous les hommes jaloux d'être ses compatriotes ; il fit regretter à tous les peuples de n'être pas Français.

Comme citoyen : il respecta toutes les lois. Il fut l'homme libre par excellence ; car il n'encensa personne. Sa liberté fut l'attachement à l'ordre, la vénération pour les principes éternels, le respect pour les mœurs, le mépris pour les excès, l'amour de tous les hommes, et l'enthousiasme pour toutes les vérités. Sans ambition, sans intrigue, sans orgueil, MARCEAU fut le modèle du vrai citoyen : il fut bon fils, bon frère, bon ami ; il eût été bon époux et bon père.

Comme guerrier : il eut toutes les qualités d'un grand capitaine. Il ne dédaigna point d'appeler la tactique à l'aide du courage ; mais il ne lui céda que la place où le courage se trouvait désœuvré. Intrépide, actif, infatigable, rapide dans ses plans, prompt dans l'exécution, fécond en ressources, il ne fut l'imitateur de personne, il fut lui ; et, pour vous le peindre d'un seul trait, il fut quelquefois Thémistocle, jamais Fabius, et toujours Scipion.

Hélas ! triste destin de l'éloquence ! Les paroles des orateurs se perdent dans les airs. Il n'appartient qu'au bronze de louer les héros ; ils ont les siècles pour auditoire. C'est à toi ! à toi, BARBIER ! à tes crayons savans, que la postérité devra la gloire d'honorer MARCEAU. Je vous convoque,

Citoyens, au moment suprême de ce héros. Jetez les yeux sur cette auguste effigie de ses derniers instans. Approchez-vous, écoutez-le, vous allez l'entendre : il parle dans ce superbe dessin (17); il vante la félicité de sa mort. Ainsi tes talens, ô BARBIER! auront honoré la nature et l'héroïsme. Tu consacras à l'une le deuil patriarchal des sauvages américains ; tu présentes à l'autre le deuil héroïque de Désiles et de MARCEAU. Trésors de la Dalécarlie, cuivre, sortez des entrailles du monde! venez sur ce dessin vous imprégner des traits de mon héros! La postérité vous appelle; allez lui raconter les vertus et la mort de MARCEAU, et que les traits de ce grand homme proclament encore dans mille ans la gloire de ma Patrie, l'utilité des arts et le génie de la liberté!

FIN DE L'ÉLOGE.

EXTRAIT

Du Procès-Verbal de la Séance de la SOCIÉTÉ PHILOTECHNIQUE, du 22 vendémiaire, an VI de la République.

L'ASSEMBLÉE arrête que l'ÉLOGE DU GÉNÉRAL MARCEAU, prononcé par le citoyen JOSEPH LAVALLÉE, en la Séance Publique de la Société, le 20 du présent mois, sera imprimé, aux frais de la Société ; qu'il en sera tiré au moins deux mille exemplaires, lesquels seront distribués au Directoire Exécutif, aux deux Conseils, à la Famille du Général MARCEAU, aux Membres de la Société, etc. etc.

FOURCROY, Président.

HECQUET, Secrétaire de Correspondance.

MANGOURIT, Secrétaire.

VALENCIENNES, Trésorier.

NOTES.

(1) Dans les matériaux dont je me suis servi pour composer cet Éloge, je n'ai rien donné au hasard, et n'ai point consulté les mémoires et les journaux du temps, dont rien ne pouvait me garantir la fidélité. J'ai travaillé sur les notes que les parens, les amis et les camarades du Général Marceau ont bien voulu me fournir ; et si cet Éloge est bien au-dessous de ce que la mémoire de ce jeune héros est en droit d'attendre, au moins ne s'y trouve-t-il pas un seul trait qui ne soit marqué au coin de la plus exacte vérité.

(2) C'est sur-tout dans les lettres que Chartres a fourni de grands hommes ; entre autres, Philippe Desportes, poète fameux pour le temps où il vivait ; Regnier, le premier de nos poètes satyriques ; André Felibien ; le fameux Nicole ; Thiers, savant critique ; Rotrou, qu'on pourrait appeler le père de la tragédie, etc. etc. La Société Philotechnique compte au nombre de ses membres les arrière-petits-enfans de Rotrou.

(3) « A l'âge de quatorze ans, (ce sont ici les propres expressions de Marceau, que me fournit le Journal de sa vie écrit par lui-même, et que j'ai sous les yeux) mes parens songèrent à me faire décider pour un état, et voulurent que ce fût dans la carrière du barreau que je fisse mes exercices. Je me sentais une aversion réelle pour ce genre d'étude, dont l'application répugnait à ma manière de penser. Je m'en expliquai d'une manière très-précise, etc. »

(4) « Je quittai tout (c'est encore Marceau qui parle) pour aller au loin mériter, par ma bonne conduite et le travail,

une place que la circonstance ne me permettait pas d'obtenir d'une autre manière. »

(5) Non-seulement MARCEAU étudia l'art militaire pour se former lui-même ; mais il voulut encore que ses études tournassent au profit de l'instruction générale. Il composa un traité d'évolutions militaires qu'il présenta, en 1791, au ministre de la guerre. Cet ouvrage, dont le ministre chargea des officiers expérimentés de lui rendre compte, fut parfaitement accueilli, et ce fut d'après les vues saines qu'il renfermait, et sur les plans qu'il offrait, que l'on rédigea depuis, en grande partie, le nouveau réglement des manœuvres de l'infanterie.

(6) « Ma sœur aînée, (*Journal de* MARCEAU) quoique d'un autre lit que moi, m'aimait infiniment. Cette bonne sœur tempérait l'ardeur de mon caractère. Ses bontés, ses consolations, etc. »

(7) « J'étais sur le point de rejoindre mon corps, (*Journal de* MARCEAU) lorsque les événemens du mois de juillet 1789 changèrent pour moi la face des affaires : j'aurais été soldat toute ma vie ; peut-être je pus alors espérer quelque chose de plus. »

Ceux qui croiraient découvrir dans cette phrase quelques symptômes d'ambition de la part de MARCEAU se tromperaient. Elle prouve seulement une sagacité d'esprit bien rare dans un jeune homme de vingt ans, qui lui faisait prévoir dès-lors les résultats que pourraient avoir dans la suite les événemens qui se passaient sous ses yeux.

Le 14 juillet il marcha à la tête d'un détachement de la Section de Bon-Conseil, alors District de Saint-Jacques-l'Hôpital, pour s'opposer à l'approche des troupes que l'on croyait devoir marcher sur Paris.

(8) Ce fut en 1792 qu'il partit avec le bataillon formé dans son département, d'abord avec le simple titre de Capitaine ; mais dans peu de temps il monta de grade en grade à celui de Lieutenant-Colonel. Il parvint à contenir son bataillon dans les bornes du devoir lors de l'arrestation, à Sedan, des trois représentans du peuple. Il se trouva sur leur passage lorsqu'on les conduisait en prison, et les assura que s'il ne parvenait pas à briser leurs fers, il saurait au moins adoucir leur sort. Lorsque cet Éloge de MARCEAU a été écrit, beaucoup de papiers publics avaient déjà annoncé que la Fayette avait été mis en liberté par l'empereur ; mais jusqu'à ce jour le gouvernement français, n'ayant rien fait annoncer d'officiel à cet égard, l'auteur n'a pas dû se permettre, dans un discours prononcé publiquement, de considérer comme certaine une nouvelle qui n'était pas encore consacrée.

(9) La Convention Nationale décréta la mise en jugement de tous les officiers qui avaient délibéré pour la reddition de la ville de Verdun au roi de Prusse. Elle excepta nominativement MARCEAU, qui, aux termes du décret, avait déployé dans cette circonstance autant de patriotisme que de courage.

(10) MARCEAU, dans toutes les occasions, montra le même désintéressement. On ne trouve, dans les bureaux d'aucun comité ni d'aucun ministère, aucuns mémoires ni lettres de ce Général, même pour les réclamations les plus justes pour cause d'indemnités : il se contentait de faire constater ses pertes, et n'allait pas plus loin. Dans la Vendée, par exemple, il perdit encore tous ses équipages, et eut trois chevaux tués. A son insu, un de ses amis sollicita pour lui un dédommagement. Le Comité de Salut Public se fit rendre compte de cette affaire, et un commis observa que la demande n'était point en règle, parce qu'il n'y avait point

de mémoire de MARCEAU à l'appui. Un membre du comité dit que ce n'était point avec un homme comme MARCEAU qu'il fallait pointiller sur les formes ; et, d'après l'avis de ce membre, le comité lui accorda trois chevaux à prendre parmi les plus beaux de la République, en attendant qu'il eût rempli les formalités d'usage.

(11) Ce jeune homme, si brave sur le champ de bataille, parut devant ses juges avec cette timidité qui vraiment est le partage de l'innocence. Il se rassura cependant : sa défense fut aussi simple que modeste. Le représentant du peuple Goupilleau ne put s'empêcher de dire : Si MARCEAU, que je vois pour la première fois, et que j'apprécie par sa manière de se défendre, n'est pas aussi vrai républicain qu'il est brave soldat, je ne compterai plus sur personne. L'arrêté des représentans porte qu'il serait réintégré avec honneur dans son grade.

(12) Il fut placé hors des murs de Saumur, lors de la prise de cette ville, avec sept hommes, par les chefs de la Légion Germanique ; et cette circonstance permettrait de suspecter les intentions de ces chefs. Ces sept hommes étaient sept cuirassiers. Lorsqu'il fondit sur les ennemis pour leur enlever Bourbotte, trois de ces cuirassiers périrent dans l'attaque. Il mit lui-même pied à terre, prit Bourbotte dans ses bras, le plaça sur son cheval, et le força de s'éloigner en lui disant : Il vaut mieux qu'un soldat comme moi périsse, qu'un représentant du peuple. Après cette belle action, un des quatre cuirassiers qui lui restait est frappé, et tombe. Mon capitaine, lui dit-il, je ne puis plus vous défendre ; prenez mon cheval, et sauvez-vous. Il expire. MARCEAU saute sur le cheval ; et, avec les trois cuirassiers qui lui restent, se fait

jour à travers les ennemis, et parvient à faire sa retraite. Il fut nommé sur le champ major, et bientôt après général de brigade.

(13) Ce brave jeune homme était en effet doué d'une sensibilité profonde. On a vu, dans le courant de l'Éloge, sa clémence envers une jeune femme de la Vendée, clémence qui pensa lui devenir si funeste à lui-même. Sa protection ne la sauva que momentanément. La commission la fit arracher à l'asile où MARCEAU l'avait cachée, et elle périt à l'âge de dix-sept ans. Avant de mourir, elle confia sa montre à un ami, pour l'offrir de sa part au héros qui s'était attendri sur elle, et lui prouver qu'elle emportait dans la tombe la reconnaissance de ses bontés. En effet, elle ne s'effaça jamais de sa mémoire : il n'en parlait jamais sans répandre des larmes, et il plaçait la mort de cette infortunée au nombre des malheurs qu'il avait éprouvés.

Il avait un tact excellent pour connaître les services que les hommes pouvaient rendre à la patrie. Avant la bataille du Mans, les députés en mission dans la Vendée lui avaient remis la destitution de Westerman, avec ordre de la mettre à exécution sur le champ. A la veille d'une bataille, il sentit tout le tort que cela pouvait faire à la chose publique. Avant de combattre, il consulta cet officier sur les dispositions à prendre. Il fut si satisfait de ses réponses, il y reconnut de si excellentes vues et un si véritable talent, que, malgré les dangers où la désobéissance l'exposait, il garda la destitution dans sa poche, donna la bataille, la gagna, et ne cacha point les obligations qu'il avait aux conseils et aux mouvemens de Westerman.

Sa modestie embellissait encore sa bravoure. Un homme de beaucoup de mérite, et qui s'était plu à l'étudier depuis son enfance, le félicitait sur les victoires du Mans et de

Savenay. *Ce n'est pas moi qu'il faut complimenter*, lui répondit-il : *c'est Kléber, à qui je dois tout.*

Une autre fois cette même personne lui conseillait de solliciter un commandement, et de faire valoir ses titres à cet égard. *Je me garderai bien*, lui dit-il, *de vouloir commander en chef : je n'ai pas assez d'expérience.*

(14) Pour mettre le lecteur à portée de connaître en entier l'important et douloureux événement de sa mort, nous donnerons ici un extrait du procès-verbal de cette funeste journée, tel qu'il fut distribué à l'armée :

Journal de la mort du Général de Division Marceau, commandant l'aile droite de l'Armée de Sambre et Meuse.

" . . . .
. . . .
. . . .
. . . . "

« Le transport était long et pénible, par la grande chaleur du jour ; les grenadiers ne voulurent jamais qu'on les relevât. Au bout de trois heures de marche, on arrive à la porte de la petite ville d'Altenkirchen : là, il est reçu par son Général en chef et les principaux officiers de l'armée. Les larmes coulent ; le silence, cette expression la plus sensible du sentiment, règne un moment. MARCEAU souffre toujours beaucoup, et présente un front serein aux alarmes et aux pleurs de ses amis ; il ne se plaint que d'être trop regretté.

« Il est porté chez le Gouverneur prussien de la ville : il est très-faible et hors d'état d'être porté plus loin. L'ennemi s'avance cependant ; Jourdan consent avec peine de l'abandonner à sa générosité, avec quelques personnes de confiance pour le servir. Cruelle séparation ! triste moment ! Cœur de MARCEAU ! quels traits te percent, te déchirent !

« On le laissa reposer d'abord, et on ne mit le premier appareil qu'à sept heures du soir.

« Il passa assez tranquillement la nuit, quoique souffrant beaucoup; mais sa respiration était bien gênée, et son pouls égaré: il ne pouvait uriner; il avait peine à parler. Il reçut le matin la visite du capitaine des hussards de Kaiser, qui commandait les avant-postes. Cet officier écrivit au général Haddick, et lui fit passer les lettres du général Jourdan à ce sujet. A neuf heures du matin, le général Haddick vint le voir, et lui témoigner combien il était affecté de son accident: il lui offrit ses services, et envoya de suite son chirurgien pour le traiter de concert avec les nôtres. Le général Krey en fit de même, ainsi que le Prince Charles. Tous ces officiers-généraux et autres s'empressaient à le voir et à lui marquer leur haute estime et leur douleur.

« Mais rien n'était plus touchant que les attentions et les regrets du vieux et respectable général Krey: il resta long-temps près de son lit, la tristesse peinte sur le visage; il lui serrait les mains; il cherchait à nous consoler: il vint le voir après sa mort, et accompagna son corps jusques près de Neuwied.

« Les corps de hussards de Blankenstein et de Barco, qui avaient le plus fait la guerre contre lui, vinrent sur-tout le voir: leur douleur était vive, leurs vœux aussi sincères que ceux de ses amis; mais, il l'avait senti d'abord, il fallait mourir. Il parla à tout le monde d'un grand sang-froid, avec cette douceur et cette affabilité qui lui étaient si naturelles. Il était oppressé des douleurs dans la vessie et des parties, dont plusieurs muscles avaient été lésés. On lui fit deux sondes, pour dégorger l'urine; on lui élargit sa plaie du côté droit. Il souffrit tout avec le courage le plus calme; il parlait à ses amis de sa mort comme d'un moment heureux, facile à passer; il les consolait lui-même.

« Cependant les symptômes alarmans se redoublent, ses yeux s'égarent vers la nuit; il rend beaucoup de sang mêlé d'humeur;

on n'ose plus le saigner; il ne peut plus s'assoupir; ses douleurs ne lui donnent point de relâche; il est certain de sa mort, malgré les espérances qu'on cherche à lui donner.

« A une heure du matin, il dicte ses dernières dispositions, et les signe; un moment après il perd connaissance; il ne parle plus que de soldats, de batailles, de sa retraite de Limbourg; il éprouve des étourdissemens d'oreille : il veut se lever.

« A trois heures du matin, il revient à lui; reconnaît le général autrichien Elsnitz, lui dit son nom, donne quelques ordres, et retombe dans sa faiblesse. Ses dernières paroles sont : « Mon ami, je ne suis plus rien. » Un moment après, il s'agite beaucoup; mais enfin son pouls se perd, les extrémités de son corps se glacent, ses yeux se fixent et se ferment : il est passé. Son corps reste entre les mains des Autrichiens qui l'entourent, et sont saisis, à cette vue, de respect et de vénération.

« Approchez tous qui ne le connaissiez pas, et entendez son éloge de la bouche même de ses ennemis; voyez avec quel étonnement ils considèrent ce sabre qui leur était si redoutable, ce bras percé, cette tête décolorée, qui soutinrent si bien les armes et la gloire de sa Patrie.

« Pour vous, amis, camarades, subalternes, supérieurs, qui l'avez connu, éloignez-vous de ce corps chéri, qui a tout fait et souffert pour vous. Résisteriez-vous à la douleur? Ce ne sont pas vos larmes qui le vengeront.

« Français! Autrichiens! pleurez ce vaillant homme, moissonné à la fleur de son âge, après avoir survécu à tant de combats. »

Fait à Altenkirchen, le cinquième jour complémentaire, an IV.

Le Capitaine du Génie, SOUHAIT.

(15) Non-seulement les journaux français, mais encore toutes les gazettes allemandes, déplorèrent sa mort. « MAR-

CEAU est d'autant plus regretté, disait, entre autres, la Gazette de Francfort, qu'il était honnête homme, et que sa conduite était sans tache. »

Une brochure allemande, intitulée : *Uebersicht des Merkwürdigen Feldzuges am Rhein, im Jahr* 1796, rend également justice à MARCEAU ; mais, dans une note insérée à la page 93 de cette brochure, l'auteur se permet de traiter avec indécence les collègues de ce Général. Puisse l'auteur de cet ouvrage apprendre, en lisant l'Éloge de MARCEAU, avec quelle dignité un écrivain doit parler des ennemis de sa patrie !

(16) L'amitié et les arts se sont empressés d'élever des monumens à MARCEAU. Celui où ses cendres viennent d'être déposées le 3 vendémiaire de cette année, a été construit sur les dessins du général Kléber. On a de même érigé une pyramide à la place où il reçut le coup mortel, et on travaille, dans ce moment-ci, à un troisième monument en son honneur dans les champs de Messeinheim. Sa dernière pompe funèbre vient de se faire avec la majesté qu'exigeait le souvenir de ce jeune héros. Depuis la pointe du jour un coup de canon, tiré d'heure en heure, a annoncé cette auguste cérémonie ; et, lors de l'inhumation, les salves d'artillerie et de mousqueterie ont duré plus d'une demi-heure. Quatre adjudans-généraux tenaient le poêle. Les généraux Lefèvre, Championet, Grenier, Klein, Sorbier, Goullat, Barbier, Fay et Hardi, accompagnaient le corps. C'est ce dernier qui a prononcé son Éloge funèbre. Le fort Petersberg de Coblentz a pris le nom de fort MARCEAU.

(17) Ce beau dessin, où MARCEAU, blessé et porté par des grenadiers, est représenté au moment où, arrivant à Alten-

kirchen, il est rencontré par le général Jourdan, était exposé lorsque j'ai prononcé cet Éloge. Il est du citoyen Barbier l'aîné, Membre de la Société Philotechnique. Il appartient à la citoyenne L. P.; elle va le confier à un graveur célèbre; et c'est aux soins de l'éternelle amitié de cette citoyenne pour le général MARCEAU, qu'il devra encore ce monument digne de sa gloire. Le portrait de ce héros doit être gravé par le citoyen Sergent.

FIN.

www.ingramcontent.com/pod-product-compliance
Ingram Content Group UK Ltd.
Pitfield, Milton Keynes, MK11 3LW, UK
UKHW020431230726
13925UKWH00004B/1688

9 782014 435115